Vorwort

Wer liebt sie nicht? Die grünen Energiekraftbomben? Sie entschlacken und entgiften. Dabei schmecken sie noch hervorragend.
Grüne Smoothies sind zu meiner Leidenschaft geworden, deshalb möchte ich meine Rezepte gerne weiter geben.

Die Rezepte sind für den Thermomix TM 31 geschrieben, können aber auch für den Thermomix TM 21 problemlos abgewandelt werden.

Viel Spaß beim Nachzaubern...

Inhalt

Chinakohl-Bananen-Smoothie
Avocado-Ananas-Smoothie
Rucola-Tomaten-Smoothie
Avocado-Mandel-Smoothie
Pfefferminz-Melonen-Smoothie
Pfefferminz-Zitronen-Smoothie

Zutatenvielfalt

Eine Vielfalt von Zutaten können für die
Smoothies verwendet werden:

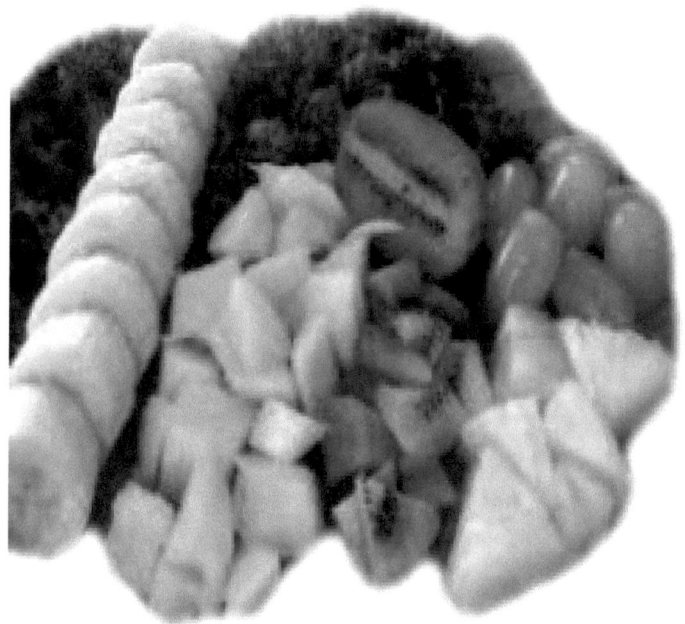

Grünes Kraftwerk

Zutaten

3 Blätter Romanasalat   4 Stängel Petersilie
1 Banane   2 Äpfel
10 Stück Eiswürfel   250 Gramm Wasser

Zubereitung
Alle Zutaten waschen. Die Banane schälen. In den
Mixtopf geben und auf Stufe 10 eine Minute
mixen.

Kiwi-Mango-Petersilien-Smoothie

Zutaten
4 Stängel Petersilie   2 Mangos
1 Kiwi
10 Stück Eiswürfel   250 Gramm Wasser

Zubereitung
Alle Zutaten waschen. In den Mixtopf geben und auf Stufe 10 eine Minute mixen. Danach nochmals 30 Sekunden auf Stufe 3 sämig rühren.

Wirsing-Orange-Smoothie

Zutaten

3 Blätter Wirsing	4 Stängel Petersilie
1 Banane	2 Orangen
10 Stück Eiswürfel	250 Gramm Wasser

Zubereitung
Alle Zutaten waschen. Die Banane schälen. In den Mixtopf geben und auf Stufe 10 eine Minute mixen.

Spinat-Apfel-Smoothie

Zutaten
1 Handvoll Spinat   2 Äpfel
1 Banane   10 Stück Eiswürfel
200 Gramm Wasser

Zubereitung
Alle Zutaten waschen. Die Banane schälen. In den
Mixtopf geben und auf Stufe 10 eine Minute
mixen. Danach nochmals 20 Sekunden auf Stufe
2.

Rucola-Mandel-Smoothie

Zutaten

1 Handvoll Rucola	50g Mandelmus
20g Sahne	10 Stück Eiswürfel
200 Gramm Milch	1 Prise Salz

Zubereitung
Alle Zutaten waschen. Nun alles in den Mixtopf geben und auf Stufe 10 eine Minute mixen.
Danach nochmals 20 Sekunden auf Stufe 2.

Kiwi-Mandel-Smoothie

Zutaten
4 Kiwis   50g Mandelmus
20g Sahne   10 Stück Eiswürfel
200 Gramm Milch   1 Prise Salz

Zubereitung
Alle Zutaten waschen. Kiwi schälen. Nun alles in
den Mixtopf geben und auf Stufe 10 eine Minute
mixen. Danach nochmals 20 Sekunden auf Stufe
2.

Wildkräuter-Smoothie

Zutaten

1 Handvoll Wildkräuter	50g Haselnussmus
20g Sahne	10 Stück Eiswürfel
200 Gramm Milch	1 Prise Salz
etwas Muskat	

Zubereitung

Alle Zutaten waschen. Nun alles in den Mixtopf
geben und auf Stufe 10 eine Minute mixen.
Danach nochmals 20 Sekunden auf Stufe 2.

Feldsalat-Gurken-Smoothie

Zutaten

1 Handvoll Feldsalat	1 Salatgurke
20g Joghurt	10 Stück Eiswürfel
200 Gramm Wasser	1 Prise Salz
1 Prise Pfeffer	

Zubereitung
Alle Zutaten waschen. Nun alles in den Mixtopf
geben und auf Stufe 10 eine Minute mixen.
Danach nochmals 30 Sekunden auf Stufe 5.

Zichorie-Bananen-Smoothie

Zutaten

1 Handvoll Zichorie	2 Bananen
1 Prise Cilli	10 Stück Eiswürfel
200 Gramm Milch	1 Prise Salz

Zubereitung

Alle Zutaten waschen. Nun alles in den Mixtopf geben und auf Stufe 10 eine Minute mixen. Danach nochmals 20 Sekunden auf Stufe 2.

Mairüben-Kopfsalat-Smoothie

Zutaten
1 Handvoll Kopfsalat   1 Mairübe
50g Orangensaft   12 Stück Eiswürfel
200 Gramm
Mineralwasser   1 Prise Salz

Zubereitung
Alle Zutaten waschen. Nun alles in den Mixtopf
geben und auf Stufe 10 eine Minute mixen.
Danach nochmals 20 Sekunden auf Stufe 2.

14

Spinat-Rosmarin-Smoothie

Zutaten

1 Handvoll Spinat	1 TL Rosmarin
20g Sahne	10 Stück Eiswürfel
200 Gramm Milch	1 Prise Salz

Zubereitung
Alle Zutaten waschen. Nun alles in den Mixtopf geben und auf Stufe 10 eine Minute mixen.
Danach nochmals 30 Sekunden auf Stufe 5.

Rosenkohl-Bananen-Smoothie

Zutaten

1 Handvoll Rosenkohl	2 Bananen
10 Stück Eiswürfel	
200 Gramm Wasser	1 Prise Salz

Zubereitung
Alle Zutaten waschen. Nun alles in den Mixtopf geben und auf Stufe 10 eine Minute mixen.
Danach nochmals 20 Sekunden auf Stufe 2.

Paprika-Gurken-Smoothie

Zutaten
1 grüne Paprika   1 Salatgurke
1 Knoblauchzehe   12 Stück Eiswürfel
200 Gramm Milch   1 Prise Salz

Zubereitung
Alle Zutaten waschen. Nun alles in den Mixtopf
geben und auf Stufe 10 eine Minute mixen.
Danach nochmals 20 Sekunden auf Stufe 5.

Kresse-Gurken-Smoothie

Zutaten

1 Handvoll Kresse	1 Salatgurke
1 Knoblauchzehe	12 Stück Eiswürfel
200 Gramm Milch	1 Prise Salz

Zubereitung

Alle Zutaten waschen. Nun alles in den Mixtopf geben und auf Stufe 10 eine Minute mixen. Danach nochmals 20 Sekunden auf Stufe 5.

Kresse-Melonen-Smoothie

Zutaten
1 Handvoll Kresse $\frac{1}{2}$ Honigmelone
12 Stück Eiswürfel   200 Gramm Wasser
1 Prise Salz

Zubereitung
Alle Zutaten waschen. Die Melone schälen und
Würfeln. Nun alles in den Mixtopf geben und auf
Stufe 10 eine Minute mixen. Danach nochmals 20
Sekunden auf Stufe 5.

Brokkoli-Mandelmus-Smoothie

Zutaten
1 Strunk Brokkoli	50g Mandelmus
1 Knoblauchzehe	12 Stück Eiswürfel
200 Gramm Milch	1 Prise Salz

Zubereitung
Alle Zutaten waschen. Nun alles in den Mixtopf
geben und auf Stufe 2 eine Minute mixen. Danach
nochmals 20 Sekunden auf Stufe 5. Anstelle von
normaler Milch kann man auch Sojamilch oder
Mandelmilch nehmen.

Basilikum-Gurken-Smoothie

Zutaten
1 Handvoll Basilikum	1 Salatgurke
1 Knoblauchzehe	12 Stück Eiswürfel
200 Gramm Wasser	1 Prise Salz

Zubereitung
Alle Zutaten waschen. Nun alles in den Mixtopf geben und auf Stufe 10 eine Minute mixen. Danach nochmals 20 Sekunden auf Stufe 5.

Oregano-Melonen-Smoothie

Zutaten

30g Oregano frisch	1 Salatgurke
½ Honigmelone	12 Stück Eiswürfel
200 Gramm O-Saft	1 Prise Salz

Zubereitung

Alle Zutaten waschen. Nun alles in den Mixtopf geben und auf Stufe 10 eine Minute mixen. Danach nochmals 20 Sekunden auf Stufe 5.

Chinakohl-Bananen-Smoothie

Zutaten

1 Handvoll Chinakohl	2 Bananen
12 Stück Eiswürfel	20g Honig
200 Gramm Milch	1 Prise Salz
1 TL Senf	

Zubereitung

Alle Zutaten waschen. Die Bananen schälen. Nun alles in den Mixtopf geben und auf Stufe 10 eine Minute mixen. Danach nochmals 20 Sekunden auf Stufe 5.

Avocado-Ananas-Smoothie

Zutaten
1 Avocado	1 Ananas
12 Stück Eiswürfel	200 Gramm Wasser
1 Prise Chili	

Zubereitung
Alle Zutaten waschen. Die Ananas schälen, entholzen und würfeln. Nun alles in den Mixtopf geben und auf Stufe 10 eine Minute mixen. Danach nochmals 20 Sekunden auf Stufe 5.

Rucola-Tomaten-Smoothie

Zutaten
1 Handvoll Rucola	2 Tomaten
10 Stück Eiswürfel	200g Apfelsaft
Pfeffer	1 Prise Salz

Zubereitung
Alle Zutaten waschen. Nun alles in den Mixtopf geben und auf Stufe 10 eine Minute mixen. Danach nochmals 20 Sekunden auf Stufe 2.

Avocado-Mandel-Smoothie

Zutaten
1 Avocado	50g Mandelmus
12 Stück Eiswürfel	200 Gramm Wasser
1 Prise Chili	

Zubereitung
Alle Zutaten waschen. Nun alles in den Mixtopf
geben und auf Stufe 10 eine Minute mixen.
Danach nochmals 20 Sekunden auf Stufe 5.

Pfefferminz-Melonen-Smoothie

Zutaten

30g Pfefferminz frisch 1 Salatgurke

½ Honigmelone 12 Stück Eiswürfel

200 Gramm O-Saft 1 Prise Salz

Zubereitung

Alle Zutaten waschen. Nun alles in den Mixtopf geben und auf Stufe 10 eine Minute mixen. Danach nochmals 20 Sekunden auf Stufe 5.

Pfefferminz-Zitronen-Smoothie

Zutaten
30g Pfefferminz frisch   1 Salatgurke
Saft einer Zitrone   12 Stück Eiswürfel
200 Gramm O-Saft   1 Prise Salz

Zubereitung
Alle Zutaten waschen. Nun alles in den Mixtopf
geben und auf Stufe 10 eine Minute mixen.
Danach nochmals 20 Sekunden auf Stufe 5.

Herstellung und Verlag:
BoD - Books on Demand, Norderstedt
ISBN 978-3-7357-7468-2